BEI GRIN MACHT SICH IHR WISSEN BEZAHLT

- Wir veröffentlichen Ihre Hausarbeit, Bachelor- und Masterarbeit

- Ihr eigenes eBook und Buch - weltweit in allen wichtigen Shops

- Verdienen Sie an jedem Verkauf

Jetzt bei www.GRIN.com hochladen und kostenlos publizieren

Die Anwendung von Robotic Process Automation (RPA), Künstlicher Intelligenz (KI) und Big Data in der Wirtschaftsprüfung

Felix Hagel

Bibliografische Information der Deutschen Nationalbibliothek:

Die Deutsche Nationalbibliothek verzeichnet diese Publikation in der Deutschen Nationalbibliografie; detaillierte bibliografische Daten sind im Internet über http://dnb.d-nb.de abrufbar.

ISBN: 9783346690562
Dieses Buch ist auch als E-Book erhältlich.

Das Buch bei GRIN: https://www.grin.com/document/1254556

FOM Hochschule für Oekonomie & Management

Standort Berlin

Berufsbegleitender Studiengang zum

Master of Science (M.Sc.) Finance & Accounting

3. Semester

Sonstige Beteiligung - Digitalisierung

„Die Anwendung von RPA, KI und Big Data in der Wirtschaftsprüfung"

Verfasser: Felix Hagel

Abgabedatum: 28.02.2022

Inhaltsverzeichnis

Abbildungsverzeichnis

Abkürzungsverzeichnis

Bspw.	=	beispielsweise
d.h.	=	das heißt
etc.	=	etcetera
EY	=	Ernst & Young
IPA	=	Intelligent Process Automation
KI	=	Künstliche Intelligenz
NLP	=	Natural Language Processing
PWC	=	PricewaterhouseCoopers
RPA	=	Robotic Process Automation
S.	=	Seite
u.a.	=	unter anderem
Vgl.	=	vergleiche
WP	=	Wirtschaftsprüfer

1 Einleitung

1.1 Problemstellung

Seit Beginn des Internets und der Einführung des Computers ist die Digitalisierung ein zentrales Thema in der Wirtschaft geworden. Während in den letzten Jahren unter anderem die Cloud und die Automatisierung im Fokus standen, blickt nun die ganze Welt gespannt auf die Themen Big Data und Künstliche Intelligenz und deren Potenziale. Auch die Wirtschaftsprüfungsgesellschaften haben erkannt, dass ein Daten-Tsunami im Anmarsch ist und das Ziel der Jahresabschlussprüfung, ein sicheres Urteil über die Verlässlichkeit und Ordnungsmäßigkeit des Jahresabschlusses unter der Beachtung des Grundsatzes der Wirtschaftlichkeit abzugeben, zunehmend schwieriger zu erreichen wird.[1] Die Verbraucher und Unternehmen von heute produzieren in einem Jahr mehr Daten als frühere Generationen in ihrem ganzen Leben.[2] Vom Kühlschrank über das Auto bis hin zum Handy und Computer werden überall Daten in Form von Bildern, Tönen, Sprache, Bewegungen, etc. erfasst. Nicht nur im privaten Alltag hat sich das Thema Big Data und neue Technologien in einem rasanten Tempo ausgebreitet. Durch neue Geschäftsmodelle, Produkte, Kommunikationswege und automatisierte Prozesse werden in den Unternehmen erhöhte Mengen an Daten erzeugt, die gesammelt und ausgewertet werden müssen. Insbesondere für Wirtschaftsprüfer (WP), die in der heutigen Zeit bereits ein hohes Arbeitspensum und einen engen Zeitrahmen haben sowie eine erhöhte Erwartung an Prüfungsqualität erfahren, wird eine Prüfung immer zeitaufwendiger.[3] Angesichts dieser Herausforderung sowie dem immer größer werden wirtschaftlichen Druck sehen sich die Wirtschaftsprüfungsgesellschaften gezwungen vermehrt die Entwicklung von Software-Prüfungstools durch den Einsatz neuer Technologien, wie der robotergestützten Prozessautomatisierung (RPA), der künstlichen Intelligenz (KI) und Big Data, voranzutreiben. RPA, KI und Big Data sind drei unterschiedliche Technologien mit unterschiedlichen Einsatzbereichen, die in Zusammenarbeit als Intelligente Prozessautomatisierung (IPA)

---

[1]   Vgl. Institut der Wirtschaftsprüfer in Deutschland e. V., IDW, 2009, IDW PS 200 Tz. 8-9.

[2]   Vgl. Macaulay, M., IPA, 2016, S. 18; hierzu auch Runciman, B., Big Data, 2014, S. 1.

[3]   Vgl. Zhang, C., IPA, 2019, S. 69.

unter anderem im Bereich Auditing den WP entlasten können.[4] Zudem müssen die Wirtschaftsprüfer mit dem steigenden Einsatz fortschrittlicher Technologien durch die Prüfungsmandanten Schritt halten, um flexibel auf größere Datenvolumina reagieren zu können.[5]

1.2 Gang der Untersuchung

Diese Arbeit konzentriert sich auf die Fragen, welche Einsatzbereiche für IPA im Wirtschaftsprüfungsprozess möglich sind, wie der bisherige Stand der Implementierung in den vier großen Wirtschaftsprüfungsgesellschaften – Deloitte, EY, KPMG und PWC, zusammen „Big Four" genannt – ist und welche Potenziale und Herausforderungen diese Technologie in Zukunft für den Bereich Auditing mit sich bringen kann. Hierzu werden im ersten Schritt die verschiedenen Technologien kurz definiert, um ein theoretisches Grundverständnis zu erlangen, das für den Verlauf der Arbeit essenziell ist. Im zweiten Schritt werden die Technologien kritisch gewürdigt und die Chancen und Risiken, sowie auch die Herausforderungen aufgezeigt. Aufbauend darauf werden die möglichen Einsatzbereiche der Technologien im Prüfungsprozess erläutert. Im nächsten Schritt werden die Big Four dahingehend analysiert, inwieweit diese Technologien im Prüfungsprozess bereits zum Einsatz kommen und welche Potenziale IPA im Allgemeinen für die Wirtschaftsprüfungsbranche mit sich bringen kann. Abschließend werden die gewonnen Erkenntnisse in einem Fazit zusammengefasst.

2 Theoretische Grundlagen

2.1 RPA

Die Abkürzung RPA kommt aus dem englischen und bedeutet „robotic process automation", zu deutsch: Roboter Prozess Automatisierung.[6] Durch diese Technologie werden Tätigkeiten, die bisher von Menschen ausgeführt wurden, durch programmierte Software-

---

[4] Vgl. *Zhang, C.*, IPA, 2019, S. 70; hierzu auch *Kholiya, P., Akshat, K., Meghavi, R. Megha, B.*, IPA, 2021, S. 185.

[5] Vgl. *Zhang, C.*, IPA, 2019, S. 70.

[6] Vgl. *IEEE Corporate Advisory Group*, IPA, 2017, S. 11; hierzu auch *Brettschneider, J.*, RPA, 2020, S. 1099.

Roboter übernommen und automatisiert.[7] Dies kann sowohl für ganze Geschäftsprozesse als auch für einzelne Prozessschritte durchgeführt werden. Um einen Prozess durch einen RPA Roboter automatisieren zu können, müssen verschiedene Bedingungen erfüllt werden. Hierzu zählen unter anderem: Einfache Anwendungsfälle, häufige Wiederholungsrate, Anfallen in großer Zahl, regelbasiert gesteuert, sowie keine Ausnahmen, die nur durch Menschen bearbeitet werden können.[8]

RPA Roboter können mit den in Excel verwendeten Makros verglichen werden, die Prozesse, Auswertungen usw. in Excel automatisiert bereitstellen. Die Verwendung der Software-Roboter kann durch Konfigurationen ausgebaut werden, sodass sie bspw. E-Mails lesen, PDFs öffnen, wichtige Informationen identifizieren oder Daten in ERP-Systeme eingeben können.[9] Kurzum werden RPA Roboter eingesetzt, um sich wiederholende, von Menschen durchgeführte Prozesse zu übernehmen und die Menschen dadurch zu ersetzen (siehe Abbildung 1).

Abbildung 1: Einbindung von Robotern in menschliche Prozesse

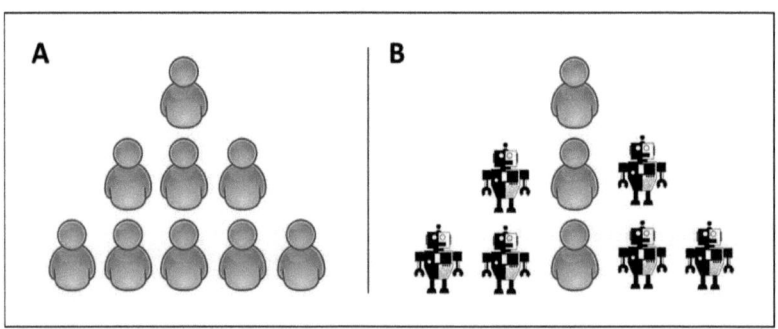

Quelle: *Moffitt, K., Rozario, A., Vaserhelyi, M.*, RPA, 2018, S. 3.

---

[7] Vgl. *Langmann, C., Turi, D.*, RPA, 2020, S. 5; hierzu auch *Brettschneider, J.*, RPA, 2020, S. 1098.

[8] Vgl. *Rizk, Y., Isahagian, V., Boag, S., Khazaeni, Y., et al.*, IPA, 2020, S. 85.

[9] Vgl. *Moffitt, K., Rozario, A., Vaserhelyi, M.*, RPA, 2018, S. 2.

2.2 Künstliche Intelligenz

Unter dem Fachbegriff „Künstliche Intelligenz" wird die Fähigkeit eines Computers bzw. eines computergesteuerten Roboters verstanden, die Lösung von Aufgaben zu übernehmen, die in der Regel von intelligenten Wesen erledigt werden. Ziel ist es, dass das System ähnlich wie der Mensch selbstständig lernen und sich ebenfalls intelligent verhalten soll. Es gibt unterschiedliche Komponenten der KI.[10] Zum einen das Machine Learning, das durch Lernprozesse die Zusammenhänge bestehender Datensätze erkennen und dementsprechend Vorhersagen treffen kann. Die Fähigkeit einer Software, bestimmte Aufgaben zu lernen, wird auf Basis von Daten (Erfahrungen) trainiert. Andere KI-Komponenten sind künstliche neuronale Netze und die Verarbeitung natürlicher Sprache (NLP).[11]

2.3 Big Data / Big Data Analytics

Der Begriff Big Data ist relativ, da er je nach Nutzer der Daten variiert, lässt sich wortwörtlich als eine große Menge an strukturierten und unstrukturierten Daten definieren.[12] Diese Datenmengen sind so groß, schnelllebig oder komplex, dass sie sich nicht oder nur schwer verarbeiten lassen. Ziel ist es, diese großen Datenmengen zu analysieren, um Erkenntnisse zu gewinnen, die dem Unternehmen helfen, strategische Entscheidungen besser treffen zu können.[13] Durch das 3-V Modell von Doug Laney bekam Big Data eine anerkannte Definition durch die darin enthaltenen Merkmale, Volume, Velocity und Variety.[14]

Volume steht für die Menge an Daten, die ein Unternehmen aus einer Vielzahl von Quellen sammelt, bspw. aus geschäftlichen Transaktionen, Social Media und Intelligenten Geräten. Velocity steht für die Geschwindigkeit, die aufgrund des Internet of Things gegeben wurde, wie bspw. durch RFID Tags, Sensoren und Smart Metering. Das

---

[10] Vgl. *IEEE Corporate Advisory Group*, IPA, 2017, S. 12; hierzu auch *Paaß, G., Hecker, D.*, KI, 2020, S. 1., sowie *Zhang, C.*, IPA, 2019, S. 71-72.

[11] Vgl. *Buxhagen, P., Schmidt, H.*, KI, 2021, S. 9, hierzu auch *Xing, Z., Zhu, L., Lijun, Z.*, Big Data und KI, 2020, S. 797.

[12] Vgl. *Cao, M., Chychyla, R., Stewart, T.*, Big Data, 2015, S. 423; hierzu auch *SAS*, Big Data.

[13] Vgl. *Cao, M., Chychyla, R., Stewart, T.*, Big Data, 2015, S. 423-424.

[14] Vgl. *Gordon, K.*, Big Data, 2014, S. 4; hierzu auch *SAS*, Big Data; und *Yin, S., Okyay, K.*, Big Data, 2015, S. 144.

Unternehmen erhält große Datenmengen in einer sehr hohen Geschwindigkeit, die sie zeitnah verarbeiten müssen. Aufgrund der unterschiedlichsten Formate der Daten, wie unter anderem strukturierte, numerische Daten, unstrukturierte Textdokumente, Emails, Videos, Finanztransaktionsdaten, ist die Vielfältigkeit (Variety) die dritte Komponente, die Big Data definiert.[15] Heutzutage wird dieses Modell durch weitere Vs erweitert.[16]

Abbildung 2: 3-V Modell Big Data

Quelle: In Anlehnung an *Oraylis GmbH*, Big Data, 2021.

2.4 Vereinigung der Technologien zu IPA

Die Intelligent Process Automation oder auch Smart Process Automation kombiniert die in den vorherigen Kapiteln beschriebenen Technologien. Dadurch wird es möglich die RPA Technologie, die lediglich für standardisierte und unveränderte Prozesse verwendet wird, insbesondere mit Hilfe von Künstlicher Intelligenz für Prozesse anzuwenden, die menschliche Interventionen erfordern.[17] Die IPA bindet, neben KI, andere Technologien mit ein, wie bspw. Big Data, Internet of Things oder Smart Workflow (siehe Abb. 3).

---

[15] Vgl. *Cao, M., Chychyla, R., Stewart, T.*, Big Data, 2015, S. 423; hierzu auch *SAS*, Big Data.

[16] Es gibt Modelle mit teilweise mehr als 17 Vs.

[17] Vgl. *Zhang, C.*, IPA, 2019, S. 70; hierzu auch *Langmann, C., Turi, D.*, RPA, 2020, S. 6.

6

Abbildung 3: Komponenten von Intelligent Process Automation

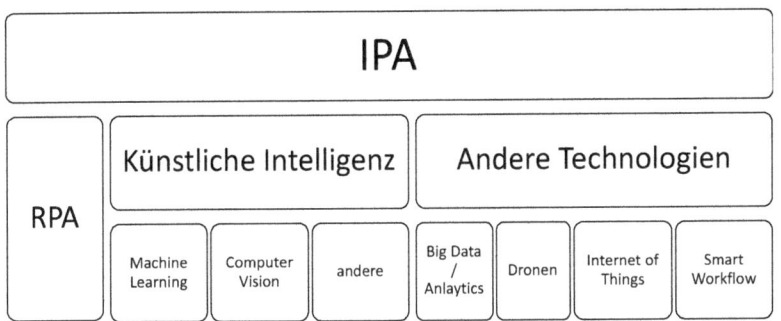

Quelle: In Anlehnung an *Zhang, C.*, IPA, 2019, S. 70.

Durch die Zusammenfassung dieser verschiedenen Technologien können die Grenzen von RPA umgangen werden. Somit ist es möglich komplexe Prozesse und unstrukturierte Daten, wie gescannte Dokumente, unstrukturierte Texte, Bilder und Videos, zu automatisieren, wodurch sich die Anzahl an automatisierbaren Geschäftsprozessen und deren Qualität erhöht.[18] Zudem ermöglicht die Erweiterung mittels Künstlicher Intelligenz kognitive Fähigkeiten zu erlernen, wodurch die Roboter in der Lage sind auch komplexe Analysen auszuüben und Entscheidungen zu treffen.[19] Die IPA-Technologie hat in den letzten Jahren zunehmend an Bedeutung gewonnen, insbesondere auch durch die Corona-Krise, da immer mehr Unternehmen die Kernprozesse und geschäftskritischen Prozesse automatisieren wollen, um im Falle eines Lockdowns oder hohen Quarantänezahlen die Abläufe sicherstellen zu können. Hierzu zählen unter anderem automatisierte Buchungen, Lieferketten und Bestellungen, um rechtzeitig vor Engpässen in Lagerbeständen gewarnt zu werden und somit Produktionsstillstände zu vermeiden. Des Weiteren können die Unternehmen durch die automatisierte Datenerhebung und -verarbeitung flexibel Szenario-Bewertungen vornehmen, wodurch sie besser durch die Krise steuern können.[20]

---

[18] Vgl. *Lewandowski, S., Litzel, N.*, Big Data, 2020.

[19] Vgl. *Langmann, C., Turi, D.*, RPA, 2020, S. 97-98.

[20] Vgl. *Lewandowski, S., Litzel, N.*, Big Data, 2020.

2.5 Kritische Würdigung und Herausforderungen für Unternehmen

Die Automatisierung von Prozessen bringt einige Vor- und Nachteile mit sich. Zunächst müssen für den Einsatz von IPA die Prozesse identifiziert und dokumentiert werden. Durch die detaillierte Auseinandersetzung führt dies zu einer Optimierung der bestehenden Prozesse, bspw. durch eine Zusammenführung von Systemen.[21] Somit werden neue Schnittstellen gebildet und vorhandene Systembrüche eliminiert.[22]

Der Einsatz von IPA hilft bei der Erreichung unternehmerischer Ziele, wie bspw. die Senkung operativer Kosten, Qualität und die Erhöhung der internen Effizienz. Die geringen Kosten für die Einführung und die Nutzung der Technologien sowie der hohe Return on Investment, aufgrund der verhältnismäßig kurz Amortisationszeit, zahlen sich für die Unternehmen aus.[23] Ein weiterer Beweggrund für den Einsatz von RPA, KI und Big Data ist die hohe Skalierbarkeit der Roboter, da sie durch die hohe und konstante Arbeitsgeschwindigkeit eine höhere Effektivität aufweisen als ein Mitarbeiter. Hinzu kommt, dass der Roboter permanent arbeiten kann und sich somit nicht an Arbeitszeiten, Wochenende und Urlaub halten muss.[24] Ein weiterer Vorteil liegt in der gleichbleibenden Qualität eines Softwareroboters, wodurch die Wahrscheinlichkeit von Fehlern durch die manuelle Bearbeitung minimiert wird. Alle Vorgänge werden lückenlos dokumentiert wodurch fehlerhafte Programmierungen schnell ausfindig gemacht werden können und den steigenden wachsenden Compliance Anforderungen eines Unternehmens gerecht werden.[25]

Neben den erwähnten Vorteilen und Chancen bringen die Technologien auch Herausforderungen und Nachteile mit sich. Durch das mangelnde Wissen und Bewusstsein für IPA in den Unternehmen, gehen nur ein Bruchteil (unter 50%) aller IPA-Projekte in den Live-Betrieb.[26] Eine weitere Gefahr ist der ethische Aspekt der IPA, da sie nur so intelligent sind, wie die Daten, die ihnen beim „Training" zur Verfügung gestellt werden. Dadurch

---

[21] Vgl. *Langmann, C., Turi, D.*, RPA, 2020, S. 14.

[22] Vgl. *Langmann, C., Turi, D.*, RPA, 2020, S. 11.

[23] Vgl. *Brettschneider, J.*, RPA, 2020, S. 1102; hierzu auch *KPMG AG Wirtschaftsprüfungsgesellschaft*, KI, 2017.

[24] Vgl. *Brettschneider, J.*, RPA, 2020, S. 1101.

[25] Vgl. *Asquith, A., Horsman, G.*, RPA, 2019, S. 2.

[26] Vgl. *Lewandowski, S., Litzel, N.*, Big Data, 2020.

können IPAs leicht manipuliert und verzerrt werden.[27] Weiterhin ist die Erklärbarkeit der Prozesse und Entscheidungen in einem Unternehmen aufgrund der strengen regulatorischen Anforderungen eine weitere Herausforderung für den Einsatz von IPA, da hier eine Ursachenforschung für bspw. Eine Ablehnung einer Entscheidung Ewigkeiten dauern kann. Eine falsche Programmierung des IPA kann zudem ein hohes Risiko einer fehlerhaften Prozessdurchführung zur Folge haben, wodurch gegebenenfalls falsche Entscheidungen getroffen werden.[28] Des Weiteren besteht bei vielen Mitarbeitern des Unternehmens die Angst eines drohenden Job-Verlusts. Laut einer aktuellen Studie können weltweit mehr als 100 Millionen Arbeitsplätzt durch IPA ersetzt werden.[29] Die dadurch eingehende Umqualifizierung oder Freisetzung der Mitarbeiter stellt die Unternehmen vor große Herausforderungen.

3   IPA im Auditing

3.1   Einsatzbereiche der Technologien im Wirtschaftsprüfungsprozess

Die Wirtschaftsprüfungsgesellschaften agieren als Wirtschaftsunternehmen mit dem Streben nach effizientem Arbeiten. Zielstellung ist mit geringem Einsatz den größten möglichen Output zu erzielen. Durch den Einsatz der Technologien, wie RPA, KI und Big Data werden mehrere wirtschaftliche Vorteile kombiniert. Die Substitution des Menschen durch Roboter bringt unter anderem Kostenvorteile und Zeitgewinnung mit sich. Darüber hinaus können Wirtschaftsprüfungsgesellschaften aber viel mehr von der erhöhten Genauigkeit und Reduktion von Risiken profitieren. Angesichts dieser Vorteile haben Wirtschaftsprüfungsgesellschaften bei der Entwicklung ihrer Software-Prüfungstools neue Technologien wie RPA und KI aktiv in Betracht gezogen.[30]

Die RPA Technologie kommt bereits in vielen Prüfungsprozessen zum Einsatz, beispielsweise bei Abstimmungen, internen Kontrolltests und Detailtests. Der Roboter übernimmt

---

[27] Vgl. *Buxhagen, P., Schmidt, H.*, KI, 2021b, S. 219-220; hierzu auch *Paaß, G., Hecker, D.*, KI, 2020, S. 435.

[28] Vgl. *Paaß, G., Hecker, D.*, KI, 2020, S. 434-435.

[29] Vgl. *KPMG AG Wirtschaftsprüfungsgesellschaft*, KI, 2017.

[30] Vgl. *Cao, M., Chychyla, R., Stewart, T.*, Big Data, 2015, S. 427; hierzu auch *Xing, Z., Zhu, L., Lijun, Z.*, Big Data und KI, 2020, 799-800.

hierbei Routineaufgaben wie etwa die Übertragung von Kundendaten aus dem Vorjahr in die Prüfungsplattform der Wirtschaftsprüfungsgesellschaft. Ebenso sind RPA in der Lage Sozialversicherungspläne zu prüfen und Bestätigungsverfahren durchzuführen.[31] Ein weiterer Einsatzbereich ist bei der Prüfung der Umsatzerlöse, die im Allgemeinen ein hohes Prüfungsrisiko aufweist. Da es sich hierbei um manuelle und sich wiederholende Aufgaben handelt, kann die RPA die Prüfungsqualität hierbei verbessern, da sie die Grundgesamtheit der Umsatzerlöse prüft und es dem Prüfer ermöglicht, das Risiko wesentlicher falscher Darstellungen bei den Umsatzerlösen genauer zu bewerten und anzugehen.[32] Die Abbildung 4 zeigt auf, wie der Prüfer bei den einzelnen Prüfschritten von RPA unterstützt werden kann.

---

[31] Vgl. *Zhang, C.*, IPA, 2019, S. 71.

[32] Vgl. *Moffitt, K., Rozario, A., Vaserhelyi, M.*, RPA, 2018, S. 7.

Abbildung 4: Schritte eines RPA bei der Prüfung der Umsatzerlöse

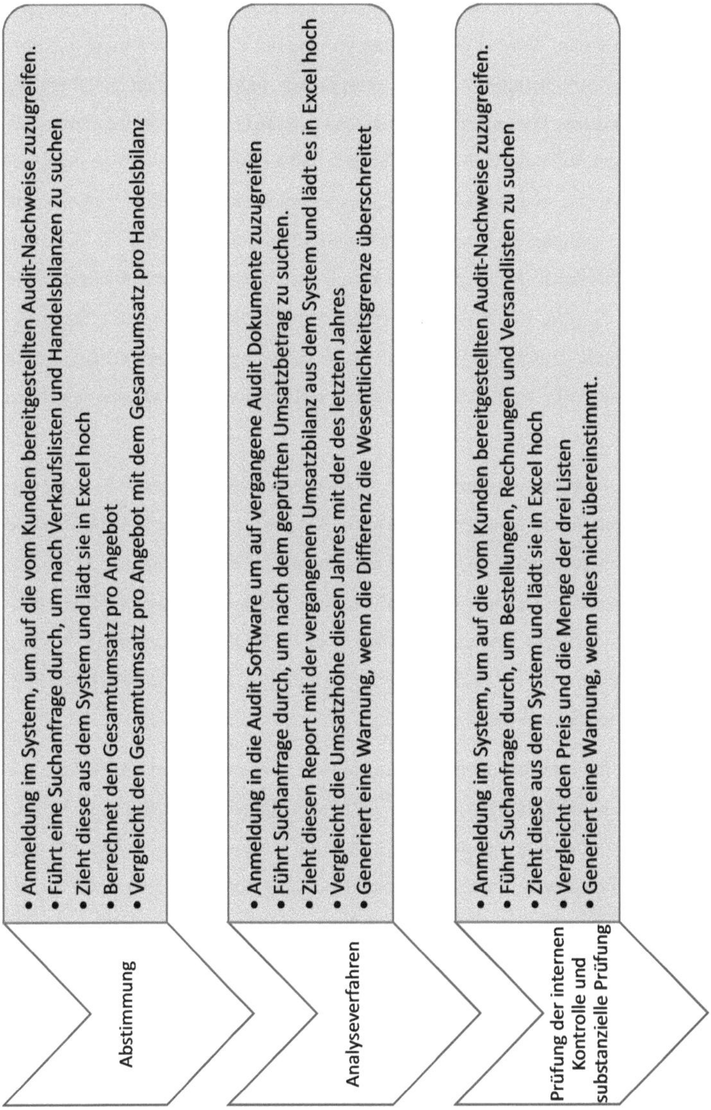

Abstimmung
- Anmeldung im System, um auf die vom Kunden bereitgestellten Audit-Nachweise zuzugreifen.
- Führt eine Suchanfrage durch, um nach Verkaufslisten und Handelsbilanzen zu suchen
- Zieht diese aus dem System und lädt sie in Excel hoch
- Berechnet den Gesamtumsatz pro Angebot
- Vergleicht den Gesamtumsatz pro Angebot mit dem Gesamtumsatz pro Handelsbilanz

Analyseverfahren
- Anmeldung in die Audit Software um auf vergangene Audit Dokumente zuzugreifen
- Führt Suchanfrage durch, um nach dem geprüften Umsatzbetrag zu suchen.
- Zieht diesen Report mit der vergangenen Umsatzbilanz aus dem System und lädt es in Excel hoch
- Vergleicht die Umsatzhöhe diesen Jahres mit der des letzten Jahres
- Generiert eine Warnung, wenn die Differenz die Wesentlichkeitsgrenze überschreitet

Prüfung der internen Kontrolle und substanzielle Prüfung
- Anmeldung im System, um auf die vom Kunden bereitgestellten Audit-Nachweise zuzugreifen.
- Führt Suchanfrage durch, um Bestellungen, Rechnungen und Versandlisten zu suchen
- Zieht diese aus dem System und lädt sie in Excel hoch
- Vergleicht den Preis und die Menge der drei Listen
- Generiert eine Warnung, wenn dies nicht übereinstimmt.

Quelle: in Anlehnung an *Moffitt, K., Rozario, A., Vaserhelyi, M.*, RPA, 2018, S. 7.

Neben RPA findet der Bereich Big Data mehr Akzeptanz und Nutzen in den Unternehmen. Big Data ist ein großer Bestandteil im Tagesgeschäft der Kunden und stellt die WP vor die Herausforderung, diese in den Prüfungsprozess der Datenaufbereitung einzubeziehen. Durch die Kombination aus Verkaufsgesprächen und Umsatzzahlen, die jeweils Daten aus verschiedenen Datenquellen und Datentypen (Bild, Audio, Video, Text) hervorbringen, muss der WP beim Prüfen der Gewinn- und Verlustrechnung diese integrierten Daten verstehen und analysieren können. Hierbei unterstützt Big Data Analytics und kann diese Zusammenhänge für den WP aufbereiten. Ebenso kommen Big Data Technologien, durch die Zusammenführung von Überwachungsvideos mit den Bestandsdaten in der Inventur zum Einsatz, sodass diese als ergänzende Prüfungsnachweise effektiv genutzt werden können. Durch die Generation von Rechnungslegungsinformationen in Echtzeit müssen die Prüfer sowohl mit strukturierten als auch mit unstrukturierten Daten vertraut sein.[33]

Die KI-Technologie findet im Auditbereich heutzutage ebenfalls zahlreiche Einsatzmöglichkeiten. Im ersten Schritt einer Prüfung wird KI für die Informationsbeschaffung und Risikobewertung eingesetzt und bietet somit eine interaktive Entscheidungshilfe für eine Audit-Brainstroming Sitzung (siehe hierzu Abbildung 5). Des Weiteren gibt es Forschungen um intelligente virtuelle Agenten am Arbeitsplatz in der Rechnungslegung/ Prüfung zum Einsatz zu bringen, die, mit Hilfe von RPA, Transaktionen, etc. überprüfen und Fehler oder Betrug aufdecken sollen.[34]

Weitere Beispiele für Informationen sind Unregelmäßigkeiten bei der Beschaffung, falsche Finanzangaben und Prüfungsgebühren.[35] Für die Prüfung der Verträge kann der Einsatz von NLP den Prüfer entlasten und die Verträge auf Unsinnigkeiten, Fehler, etc. analysieren und dem Prüfer aufbereitete Daten zur Bewertung des Prüfrisikos sowie zur Erstellung der Prüfungsnachweise liefern.[36] NLP kann, sobald der Prüfer der Technologie den Suchauftrag erteilt hat, Dokumente wie E-Mails, Verträge oder auch PDF Dokumente lesen und die gesuchten Informationen identifizieren. Der große Vorteil von NLP

---

[33] Vgl. *Cao, M., Chychyla, R., Stewart, T.*, Big Data, 2015, S. 427-428.

[34] Vgl. *Zhang, C.*, IPA, 2019, S. 72; hierzu auch *Hussein, I., Sun, T., Vaserhelyi, M.*, KI, 2016, S. 9.

[35] Vgl. *Zhang, C.*, IPA, 2019, S. 72; hierzu auch *Hussein, I., Sun, T., Vaserhelyi, M.*, KI, 2016, S. 9-10.

[36] Vgl. *Zhang, C.*, IPA, 2019, S. 72.

gegenüber einem Menschen ist die Prüfungskapazität. Eine NLP Anwendung kann in kurzer Zeit bis zu Millionen von Dokumenten lesen und analysieren.[37] Dies ermöglicht dem WP über die stichprobenartige Prüfung hinaus Dokumente zu analysieren und das Prüfrisiko zu reduzieren. Ein weiteres Einsatzgebiet der KI ist die automatisierte Erstellung textbasierter Auditberichte. Durch die Eingabe bestimmter Kennzahlen und Prüfungsergebnisse lassen sich Textbausteine und Strukturen durch Algorithmen und NLP automatisch erzeugen. Hinzu kommt, dass Datenvisualisierungen, Vergleiche zum Vorjahr und Änderungen dem Bericht ohne weiteren Aufwand angehangen werden können.[38]

Auch im Prüfungsschritt der Inventur unterstützt die KI durch die Zusammenarbeit von Drohnen und Bilderkennungssoftware. Somit müssen die Prüfer für eine Inventur nicht in die Lagerhallen der Unternehmen und die Anzahl der Artikel dokumentieren, sondern sie bekommen eine vom Roboter angefertigte Liste und die entsprechend vorgefertigten Prüfungsnachweise bei gleichzeitiger Bilddokumentation der Inventur.[39]

---

[37] Vgl. *Hoggett, E., Dubois, S., O'Connor, S., Jamieson, R.*, NLP, 2019.
[38] Vgl. *Deloitte*, Automation in internal audit, 2018.
[39] Vgl. *Zhang, C.*, IPA, 2019, S. 72.

Abbildung 5: Einsatzbereiche der Technologien im Prüfungsprozess

Legende: ● Analytic Techniques & Dashboards ● Robotic Process Automation ● Natural Language Processing ● Natural Language Generation

	Risikobewertung	Audit Planung	Entwurf der Wirksamkeitsbewertung	Berichterstattung / Abschluss	Problemverfolgung/ Laufende Überwachung
Schlüssel-Aktivitäten	• Festlegen der Grundgesamtheit der zu prüfenden Unternehmen • Bewertung der Vollständigkeit der Prüfungsgesamtheit • Ermittlung des Prüfungsbedarfs und Entwicklung eines Prüfungsplans	• Vervollständigung des Prüfungsplanungsmemorandums (APM) • Prozessverständnis entwickeln • Identifizierung inhärenter Risiken und Schlüsselkontrollen • Vervollständigung der Risikokontrollmatrix	• Durchführen einer detaillierten Prüfungsplanung • Entwicklung einer Prüfstrategie	• Entwurf des Auditberichts • Analyse des Audit-Budgets gegenüber dem Ist	• Nutzung der Historie der Problemverfolgung zur Erkenntnisentwicklung durch Trends Analyse und KPIs
repräsentative Aufgaben	• Visualisierung der Risikobewertung von Standorten • Geschäftsbereichs-übergreifende/regionale Vergleichs- und Flussanalysen • Kontinuierliche Überwachung des Geschäftsbetriebs • Dashboard zur Risikobewertung	• Automatisierung von textlastigen Dokumenten • Profil der Geschäftsabläufe • Explorative Analysen und "Was-wäre-wenn"-Analysen	• Automatisierung von IA-Aufgaben • Datenmodellierung und gebündelte Berichterstattung	• Automatisierte Erstellung von textbasierten Audit Berichten • Datenvisualisierung / Audit-Storyboard • Quantifizierung der Auswirkungen	• Automatisierte Erstellung von textbasierten Audit Berichten • Datenvisualisierung / Audit-Storyboard • Quantifizierung der Auswirkungen
Tech	● ● ●	● ● ●	● ●	● ●	● ●

Quelle: *Deloitte*, Automation in internal audit, 2018.

3.2 Status Quo bei den Big Four

Die Big 4 haben das enorme Potenzial von KI, Big Data und RPA erkannt und beschäftigen sich intensiv mit den neuen Technologien. Im Folgenden werden die Wirtschaftsprüfungsgesellschaften hinsichtlich des Einsatzes der Technologien genauer untersucht.

3.2.1 Deloitte

Jon Raphael, CIO bei Deloitte, erklärt, dass mit der effektiven Implementierung von kognitiven Technologien der Prüfungsprozess intelligenter, aufschlussreicher und effizienter wird.[40] Im Jahr 2014 hat Deloitte eine Dokumenten-Analyse Plattform entwickelt, mit der der Prozess des Analysierens von Verträgen automatisiert wird und somit die Menschlichen Kapazitäten reduziert.[41] Deloitte beziffert die zeitliche Einsparung auf über 50%.[42] Die 2016 verkündete Allianz zwischen Deloitte und Kira Systems wird Deloittes Geschäftskenntnisse im Bereich der kognitiven Technologien mit den Fortschritten von Kira Systems im Bereich des maschinellen Lernens kombinieren, um Modelle zu entwickeln, die in der Lage sind, tausende von komplexen Dokumenten zu lesen und Textinformationen für eine bessere Analyse extrahieren und strukturieren zu können. Diese Technologien werden ebenfalls im Auditbereich, bspw. Analyse von Verträgen, angewendet.[43] Im Jahr 2020 gewann Deloitte mit Omnia DNAV den Preis „Audit Innovation of the Year", die eine digitale, cloudbasierte Lösung für die Prüfung von Wertpapieren und Investitionen ist. Omnia DNAV kombiniert digitale Technologien, Automatisierung, Data Science und künstliche Intelligenz mit dem Urteilsvermögen des WPs, um den manuellen Aufwand drastisch zu reduzieren. Das Programm zeichnet sich durch die Verwendung von proprietären Algorithmen aus, die eine neue Art der Durchführung von Investitionsbewertungen ermöglicht. Das Programm transformiert Kundendaten und Daten externer Anbieter mit Hilfe intelligenter Algorithmen und automatisiert die Prüfungsverfahren.[44]

---

[40] Vgl. *Hussein, I., Sun, T., Vaserhelyi, M.*, KI, 2016, S. 4.

[41] Vgl. *Faggella, D.*, KI, 2020.

[42] Vgl. *Faggella, D.*, KI, 2020.

[43] Vgl. *KIRA SYSTEMS*, KI, 2016.

[44] Vgl. *Deloitte*, Audit Innovation of the Year, 2020.

3.2.2 PWC

Die Prüfungsgesellschaft PWC arbeiten mit dem KI-Unternehmen H2O.ai zusammen, mit dem Ziel einer Entwicklung eines KI-Bots, um Transaktionen und Anomalien im Hauptbuch zu analysieren und erkennen.[45] So wird jede Transaktion von jedem Nutzer, mit jedem Betrag und jedem Account analysiert. Ziel ist es, dass der Roboter die untypischen Transaktionen herausfiltert und durch einen Algorithmus verschiedene Risiken in unterschiedlichen Kontexten erkennt. Für einen Menschen wäre dies aufgrund der Masse an Daten unmöglich und für das Unternehmen unwirtschaftlich. Durch das maschinelle Lernen hat der Bot den Vorteil mit steigender Anwendungszahl immer intelligenter zu werden und somit in gleicher Geschwindigkeit im gleichen Zeitraum noch bessere und effizientere Risikoermittlungen zu erzeugen. [46]

3.2.3 KPMG

Das Unternehmen KPMG kündigte im Jahr 2016 eine Zusammenarbeit mit IBM Watson an, um die Technologie des kognitiven Computings auf seine Dienstleistungsangebote anzuwenden. Demnach soll der WP das Programm Watson zur Analyse großer Mengen von Finanzdaten einsetzen, um Anomalien zu erkennen.[47] Des Weiteren verfügt KPMG über ein Programm namens KPMG Clara, mit dem die Analyse der Risikobewertung, die automatische Erstellung von Prüfungsunterlagen sowie die gleichzeitige Erstellung von Analysen zu den wesentlichen Aspekten übernommen wird. Hochentwickelte Algorithmen synchronisieren alle Daten, um diese zu interpretieren und festzustellen, ob die buchhalterischen Klassifizierungen mit den Prüfungsstandards übereinstimmen.[48] Abbildung 4 veranschaulicht im Detail, wie kognitive Technologien bei der Prüfung des Kreditportfolios einer Bank eingesetzt werden können.

---

[45]   Vgl. *Zhang, C.*, IPA, 2019, S. 72; hierzu auch *Faggella, D.*, KI, 2020.

[46]   Vgl. *PricewaterhouseCoopers GmbH*, KI; hierzu auch *PricewaterhouseCoopers GmbH*, Big Data, 2018; und *Faggella, D.*, KI, 2020.

[47]   Vgl. *Faggella, D.*, KI, 2020.

[48]   Vgl. *KPMG AG Wirtschaftsprüfungsgesellschaft*, Automatisierung Audit, 2021.

Abbildung 6: Beispiel eines Prüfungsprozesses von Kreditportfolios einer Bank

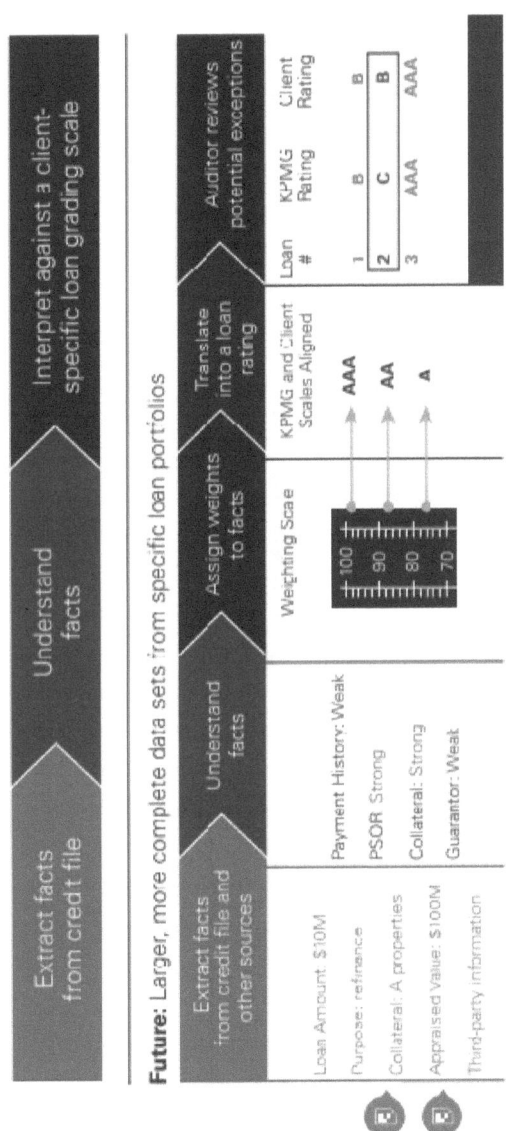

Quelle: *Macaulay, M.*, IPA, 2016, S. 6.

3.2.4 Ernst & Young

Auch bei EY wird die IPA Technologie bereits verwendet, insbesondere um Informationen aus Dokumenten, die unstrukturierte Daten beinhalten, beispielsweise Verträge mit Bildern, zu extrahieren, um daraus Prüfungsnachweise zu gewinnen. Des Weiteren kommt das maschinelle Lernen bei EY zum Einsatz. Hierbei werden große Datensätze analysiert, um Risiken und Divergenzen zu erkennen und zu bewerten.[49] Die Kooperation mit dem Robotik Entwickler robo4you, mithilfe dessen EY eine Drohne für die Bestandsinventur auf den Markt gebracht hat, zeigt einen weiteren Einsatzbereich der IPA Technologie. Hierbei erfassen die autonom fliegenden Drohnen die vorhandenen Ressourcen durch Videoaufnahmen und ermitteln anhand mathematischer Modelle die vorhandenen Mengen. [50]

3.3 Zukünftige Potenzial und Herausforderungen der Technologien in der Wirtschaftsprüfung

Die Prüfungsgesellschaften haben die Vorteile der Technologien für sich entdeckt und durch Kooperationen mit spezialisierten Unternehmen in ihre Prüfungsprozesse integriert. Der Einsatz der Technologien wurde aber nur bedingt für vereinzelte Prüfschritte umgesetzt. Hintergrund ist, dass die Implementierung der Technologien ein triviales Unterfangen für die Unternehmen ist. Es erfordert Personen mit entsprechendem Fachwissen im Bereich der Datenanalyse sowie die passenden Hard- und Softwareressourcen. Aus diesem Grund kommt es bei Unternehmen zum Outsourcing der Big Data Anwendungen, bspw. an IBM.[51] Ein Weiterer Punkt ist, dass die Ausbildung im Zusammenhang mit dem Verständnis der Technologien über das akademische und berufliche Niveau der WP hinausgeht. Dies hat zur Folge, dass der Berufsstand der WP entweder neue, analytisch geschulte Fachkräfte einstellen muss oder auf die Dienste von Drittunternehmen angewiesen ist. Die Vergabe an andere Unternehmen wirft wiederum Bedenken hinsichtlich des Datenschutzes auf.[52]

---

[49] Vgl. *Faggella, D.*, KI, 2020.

[50] Vgl. *Ernst&Young*, Drohne, 2020; hierzu auch *Faggella, D.*, KI, 2020.

[51] Vgl. *Cao, M., Chychyla, R., Stewart, T.*, Big Data, 2015, S. 427.

[52] Vgl. *Cao, M., Chychyla, R., Stewart, T.*, Big Data, 2015, S. 427; hierzu auch *Jiang, S.*, Big Data, 2020, S. 3.

Eine weitere Herausforderung des Einsatzes der Technologien ist die Sicherheit im Zusammenhang mit der Datenspeicherung, da die durch Big Data aggregierten Informationen sensible Inhalte enthalten können. Dies birgt mehrere Gefahren wie u.a. die Manipulation der Daten, wodurch die Ergebnisse der Prüfung verfälscht werden können sowie die Sicherheit in Bezug auf Hackerangriffe, bei denen die Daten in falsche Hände geraten könnten.[53] Da der Prüfer für seine Ergebnisse haftet und ein fehlerhaftes Testat zudem weitreichende Konsequenzen für die Prüfungsgesellschaft und das Umfeld haben kann, bedarf es hier einer sicheren Lösung. Hinzu kommt, dass Big Data eine erhöhte Masse an Daten verarbeitet und es dadurch zu vielen Abweichungen bei der Überprüfung von Daten kommen kann. Diese muss der Prüfer alle analysieren, da sie im System dokumentiert werden und eine Ignoranz zu einem fahrlässigen Handeln führen kann. Durch die Prüfung aller Abweichungen benötigen die Wirtschaftsprüfer Zeit und Ressourcen, wodurch der Einsatz der Technik im Endeffekt wenige zeitliche Vorteile mit sich bringt.[54] Dem könnte die Anwendung von KI wiederrum entgegenwirken, da durch Algorithmen und dem maschinellen Lernen die „positive false" Fälle aussortiert werden können.

Das Potenzial des Einsatzes der Technologien ist weiterhin groß und könnte den Prüfern Zeit, Kapazitäten und Kosten sparen. Einer der Hauptvorteile bzw. Potenziale ist, dass durch den Einsatz von IPA nicht nur stichprobenartige Prüfprozesse durchgeführt werden müssen, sondern alles geprüft werden kann. Durch die immer größer werdenden Datenmengen in den Unternehmen, gibt es einen großen Spielraum für Verzerrungen wodurch die traditionellen Prüfverfahren, die auf Stichproben beruhen, nicht mehr ausreichend sind.[55] Dieser erhöhte Mehraufwand wird von einem oder mehreren Robotern übernommen und hat zudem zur Folge, dass die Prüfergebnisse und Prüfungsnachweise effizienter und vor allem genauer sind. Abweichungen oder Fehler, bspw. bei Buchungen, können von den IPA Robotern ausfindig gemacht und aufgezeigt werden, sodass sich der Prüfer vermehrt solcher Sachverhalte widmen und sich insbesondere auf wichtige

---

[53] Vgl. *Munoko, I., Brown-Liburd, H., Vaserhelyi, M.*, KI, 2020, S. 221-222; hierzu auch *Cao, M., Chychyla, R., Stewart, T.*, Big Data, 2015, S. 427-428.

[54] Vgl. *Hossenfelder, J.*, WP Haftung, 2021, S. 47.

[55] Vgl. *Jiang, S.*, Big Data, 2020.

Prüfungsentscheidungen fokussieren kann.[56] Hierbei sollte beachtet werden, dass im Falle einer defekten Hard- und Software das Datensicherheitsrisiko sowie das systemische Risiko der intelligenten Prüfung ebenfalls höher werden.[57]

Neben den Prüfungsgesellschaften hat auch das Institut der Wirtschaftsprüfer (IDW) für einen Einsatz von IT-gestützten Prüfungshandlungen im Zuge der Veröffentlichung des IDW PS 330 gestimmt. Geknüpft ist dies allerdings an Voraussetzungen wie die digitale Verfügbarkeit sowie eine hohe Anzahl an Geschäftsvorfällen. Hinzu kommt, dass Bei Entscheidungen über die Art und den Umfang IT-Gestützter Prüfungshandlungen insbesondere das Know-How des Prüfers zu berücksichtigen ist.[58] Laut IDW können die Technologien bei Analysen auffälliger Abweichungen und Selektion und Auswertung festgestellter Schwankungen und Relationen zum Einsatz kommen. Darüber hinaus wird Potenzial in der Automatisierung repetitiver Tätigkeiten gesehen.[59]

Somit lassen sich folgende Vorteile hervorheben: Erhöhung der Wirtschaftlichkeit, Verbesserung der Prüfeffizienz, Verringerung des Prüfungsrisikos und Veränderung der Arbeitsweise. Dies kann dazu beitragen, die Qualität der Prüfung zu verbessern.[60] Es kommt zudem zu einer Verringerung des Inspektionsrisikos, des Kontrollrisikos und des inhärenten Risikos. Auf der anderen Seite bringt es neue technische und systemische Risiken mit sich.[61]

4   Fazit

Das Zeitalter der Digitalisierung eröffnet der stark vom Wettbewerb geprägten Branche der Wirtschaftsprüfung zahlreiche Möglichkeiten. Aufgrund der zunehmenden abgewickelten Geschäftsvorfälle und den damit zu prüfenden Datenbeständen ist der Einsatz von Technologien in der Abschlussprüfung nicht wegzudenken. RPA, KI und Big Data sind bereits bei vielen Unternehmen und Wirtschaftsprüfungsgesellschaften ein wichtiger

---

[56] Vgl. *Xing, Z., Zhu, L., Lijun, Z.,* Big Data und KI, 2020, S. 798.

[57] Vgl. *Xing, Z., Zhu, L., Lijun, Z.,* Big Data und KI, 2020, S. 798.

[58] Vgl. *Institut der Wirtschaftsprüfer in Deutschland e.V.,* IDW, 2002, PS 330 Tz. 95.

[59] Vgl. *Institut der Wirtschaftsprüfer in Deutschland e.V.,* IDW, 2002, PS 330 Tz. 99.

[60] Vgl. *Xing, Z., Zhu, L., Lijun, Z.,* Big Data und KI, 2020, S. 797; hierzu auch Institut der Wirtschaftsprüfer in Deutschland e.V. (IDW, 2010), PH 9.330.3.

[61] Vgl. *Xing, Z., Zhu, L., Lijun, Z.,* Big Data und KI, 2020, S. 800.

Bestandteil, wenn es um die Digitalisierung von Prozessen geht. Die Unternehmen verfolgen das Ziel die Vorteile und Chancen der Technologien, wie bspw. Kosteneinsparungen, Effizienzgewinne und Reduzierung von Risiken im Prüfungsprozess für sich zu nutzen, um unter anderem gegenüber der Konkurrenz Wettbewerbsvorteile zu generieren. Gerade für die Wirtschaftsprüfung ist der Einsatz der Technologien vorteilhaft, denn einerseits gibt es viele gleichartige Prozessschritte, die leicht automatisiert werden können, andererseits gilt es für WP aus riesigen Datenmengen Risiken und Abweichungen zu erkennen, um diese gründlicher zu untersuchen. Die Big Four sind Vorreiter bei der Entwicklung und dem Einsatz dieser Technologien und wurden mit zahlreichen Innovationspreisen ausgezeichnet.[62] Durch zahlreiche Kooperationen mit spezialisierten Unternehmen werden neue automatisierte Prozesse geschaffen und die Prüfprozesse angepasst.

All diesen Vorteilen und Chancen von IPA stehen auch Herausforderungen gegenüber, die vor allem auch die Wirtschaftsprüfung betreffen. Themen, wie Datensicherheit und Compliance, stehen vielen Digitalisierungsprogrammen im Weg. Die Wirtschaftsprüfungsgesellschaften und der IDW haben sich intensiv damit beschäftigt, wie sie die Prüfungsprozesse digitalisieren und automatisieren können. Bis der Zielprozess einer vollständigen Automatisierung jedoch erreicht ist wird es noch Zeit und Überprüfungen benötigen. Zusammenfassend ist erkennbar, dass es in naher Zukunft weitere Wege der Automatisierung im Bereich Auditing geben wird und sich die Branche aufgrund von Wirtschaftlichkeit und Attraktivität sowie der allgemeinen Digitalisierung einem Wandel unterbreiten muss.

---

[62] 2015 – Deloitte für Argus (KI-Tool)

2016 – PWC für ein data-auditing tool

2018 – Deloitte für eine Audit-Transforming Cortex Data Plattform

2019 – PWC für Cash.ai (Automatisiert die Prüfung von Bank Transaktionen

2020 – Deloitte für Omnia DNAV (Cloud Basierte Lösung für die Prüfung von Investments)

2021 – Deloitte für Omnia's Trustworthy AI Module (KI-Technologie)

Literaturverzeichnis

Asquith, A., Horsman, G. (RPA, 2019): Let the robots do it! - Taking a look at Robotic Process Automation and its potential application in digital forensics, Forensic Science International: Reports, 2019

Brettschneider, J. (RPA, 2020): Bewertung der Einsatzpotenziale und Risiken von Roboter Process Automation, in: HMD Praxis der Wirtschaftsinformatik, 2020, S. 1097-1110

Buxhagen, P., Schmidt, H. (KI, 2021a): Grundalgen der Künstlichen Intelligenz und des Maschinellen Lernens, in: Buxmann, P., Schmidt, H. (Hrsg.): Künstliche Intelligenz, 2. Auflage, Berlin: Springer-Verlag GmbH, 2021

Buxhagen, P., Schmidt, H. (KI, 2021b): Ethische Aspekte der Künstlichen Intelligenz, in: Buxmann, P., Schmidt, H. (Hrsg.): Künstliche Intelligenz, 2. Auflage, Berlin: Springer-Verlag GmbH, 2021

Cao, M., Chychyla, R., Stewart, T. (Big Data, 2015): Big Data Analytics in Financial Statement Audits, in: Accounting Horizons, 2015, vol. 29, No. 2, S. 423-429

Deloitte (Automation in internal audit, 2018) Adopting automation in internal audit, https://www2.deloitte.com/us/en/pages/risk/articles/internal-audit-robotic-process-automation-adoption.html (2018) [Zugriff 2022-01-31]

Deloitte (Audit Innovation of the Year, 2020): Deloitte Wins 2020 'Audit Innovation of the Year' at the Digital Accountancy Forum & Awards, https://www2.deloitte.com/us/en/pages/about-deloitte/articles/press-releases/deloitte-wins-2020-audit-innovation-of-the-year-at-digital-accountancy-forum-awards.html.(2020-10-06) [Zugriff 2022-01-31]

Devarajan, Y. (IPA, 2019): A Review on Intelligent Process Automation, in: International Journal of Computer Applications, 2019, S. 40-44

Ernst&Young (Drohne, 2020): EY vereinbart Partnerschaft mit robo4you: Drohneneinsatz in der Jahresabschlussprüfung, https://www.ey.com/de_at/news/2020/03/ey-vereinbart-partnerschaft-mit-robofouryou (2020-03-03) [Zugriff 2020-01-31]

Ernst&Young (Digitalisierung im Audit, 2021): How does Digitalization change the role and way of working of internal Audit: An exploratory overview, The Intsitute of Internal Auditors, 2021

Faggella, D. (KI, 2020): The AI Research and Advisory Company, https://emerj.com/ai-sector-overviews/ai-in-the-accounting-big-four-comparing-deloitte-pwc-kpmg-and-ey/ (2020-04-03) [Zugriff 2022-01-30]

Gordon, K. (Big Data, 2014): Big Data Technologies, in Big Data: Opportunities and Challenges, The Chartered Institute for IT BCS, 2014, S. 4-6

Hoggett, E., Dubois, S., O'Connor, S., Jamieson, R. (NLP, 2019): Natural Language processing: A more fluet audit, https://home.kpmg/au/en/home/insights/2019/03/audit-technology-natural-language-processing.html (2019-03-27) [2022-01-30]

Hussein, I., Sun, T., Vaserhelyi, M. (KI, 2016): Research Ideas for Artifacial Inteligence in Auditin: The Formalization of Audit and Workforce Supplementation, in: Journal of Emerging Technologies in Accounting, Vol 13. No.2, 2016, S. 1-20

IEEE Corporate Advisory Group (IPA, 2017): IEEE Guide for Terms and Concepts in Intelligent Process Automation, New York: IEEE Standards Association, 2017

Jiang, S. (Big Data, 2020): Research on the Influence of Big Data to Audit, International Conference on Big Data Economy and Information Management, IEEE, 2020

Kholiya, P., Akshat, K., Meghavi, R., Megha, B. (IPA, 2021): Intelligent Process Automation: The Future of Digital Transformation, 10th International Conference on System Modeling & Advancement in Research Trends (SMART), Moradabad: Institute of Electrical and Electronics Engineers, 2021, S. 185-190

KIRA SYSTEMS (KI, 2016): Deloitte Forms Alliance with Kira Systems to Drive the Adoption of Artificial Intelligence in the Workplace, https://kirasystems.com/company-announcements/deloitte-forms-alliance-with-kira-systems-to-drive-the-adoption-of-artificial-intelligence-in-the-workplace/ (2016-03-08) [Zugriff 2022-01-31]

KPMG AG Wirtschaftsprüfungsgesellschaft (Automatisierung Audit, 2021): Automating the auditor. https://home.kpmg/ch/en/home/insights/2021/06/audit-transformation.html, (2021) [2022-01-31]

KPMG AG Wirtschaftsprüfungsgesellschaft (KI, 2017): Künstliche Intelligenz für Einsteiger. Chancen der Automatisierung für die Arbeitswelt von morgen, https://hub.kpmg.de/ kuenstliche-intelligenz-fuer-einsteiger (2017) [2022-01-15]

Langmann, C., Turi, D. (RPA, 2020): Robotic Process Automation (RPA) - Digitalisierung und Automatisierung von Prozessen : Voraussetzungen, Funktionsweise und Implementierung am Beispiel des Controllings und Rechnungswesens, Wiesbaden: Springer Fachmedien Wiesbaden GmbH, 2020

Lewandowski, S., Litzel, N. (Big Data, 2020): Big Data Insider, https://www.bigdata-insider.de/so-steigert-intelligent-process-automation-die-effizienz-a-947257/ (2020-08-05) [Zugriff 2020-01-24]

Macaulay, M. (IPA, 2016): How Cognitive Tech is Revolutionizing the Audit, in: Transforming Tech in Finance, 2016, S. 2-7.

Moffitt, K., Rozario, A., Vasarhelyi, M. (RPA, 2018): Robotic Process Automation for Auditing, in: Journal of Emerging Technologies in Accounting, 2018, Vol. 15, No. 1, S. 1-10

Munoko, I., Brown-Liburd, H., Vaserhelyi, M., (KI, 2020): The Ethical Implications of Using Artificial Intelligence in Audtitiong, in: Journal of Business Ethics, 2020, Ausgabe 167, Seite 209-234.

Oraylis GmbH (Big Data, 2021): Was ist Big Data, https://www.oraylis.de/content/me-dia/ 2021/05/Wiki_Big-Data.png (2021-05) [2022-02-19]

Paaß, G., Hecker, D. (KI, 2020): Künstliche Intelligenz - Was steckt hinter der Technologie der Zukunft?, Wiesbaden: Springer Fachmedien Wiesbaden GmbH, 2020

PricewaterhousCoopers GmbH (KI): Harnessing the power of AI to transform the detection of fraud and error, https://www.pwc.com/gx/en/about/stories-from-across-the-world/harnessing-the-power-of-ai-to-transform-the-detection-of-fraud-and-error.html [Zugriff 2022-01-18]

PricewaterhouseCoopers GmbH (Big Data, 2018): GL.ai - im Einsatz bei Big Data, https://www.pwc.de/de/im-fokus/digitale-abschlusspruefung/gl-ai-im-einsatz-bei-big-data.html (2018-05-08) [2022-01-18]

Rizk, Y., Isahagian, V., Boag, S., Khazaeni, Y, et al. (IPA, 2020) A Conversational Digital Assistant for Intelligent Process Automation, in Business Process Managemnt, von Asatiani A., Helander, N., Koschmider, A. et al. (Hrsg.), Wiesbaden: Springer Verlag, 2020

Runciman, B. (Big Data, 2014) Where are we with Big Data?" In Big Data: Opportunities and Challenges, The Chartered Institute for IT BCS (Hrsg.), S. 1-4.

SAS. (Big Data): What is Big Data?, https://www.sas.com/de_de/insights/big-data/what-is-big-data.html [Zugriff 2022-01-18]

Xing, Z., Zhu, L., Lijun, Z. (Big Data und KI, 2020): A Study on the Application of the Technology of Big Data and Artificial Intelligence to Audit, in: International Conference on Computer Engineering and Application, März 2020, S. 797-800

Yin, S., Okyay, K. (Big Data, 2015) Big Data for Modern Industry: Challenges and Trends, in: Proceedings of IEEE, Vol. 103, No. 2, 2015, S. 143-146

Zhang, C. (IPA, 2019): Intelligent Process Automation in Audit, in: Journal of Emerging Technologies in Accounting, Vol. 16, No. 2, 2019, S. 69-88